AF224700

VIE POLITIQUE
ET MILITAIRE
DE MARIE CHAMANS
DE LAVALETTE,

Ancien Aide-de-Camp de Bonaparte,
et ex-Directeur des Postes,

Condamné à mort le 20 Novembre 1815, et
évadé des prisons de la Conciergerie du Palais,
le 20 Décembre suivant.

MARIE CHAMANS DE LAVALETTE,
né à Paris en 1769, est fils d'un mar-
chand du quartier Saint-Antoine. Ses
parens, dont la fortune était au-dessous
de la médiocre, n'épargnèrent rien pour
lui donner une éducation soignée. Des-
tiné à suivre la carrière du barreau, le
jeune Lavalette répondit parfaitement à
leur attente; car il se distingua tellement dans ses études, qu'il s'attira la
protection du président d'Ormeson-
Loyseau.

Le Gouvernement s'occupant alors

de la réduction des ordres monastiques, ce vertueux Mécènes chargea son jeune protégé de faire, sous sa direction, des recherches sur l'origine de ces divers ordres.

Mais la révolution, qui entraîna la chute des parlemens, vint tout changer pour Lavalette.

Cependant, resté fidèle à la cause royale, qui était celle de son bienfaiteur, il fut un des gardes nationaux qui, au 10 août, se rangèrent du côté du monarque.

Peu après, Lavalette prit le parti des armes : il s'engagea dans la légion des Alpes, où il ne tarda pas à devenir officier.

En 1792, il fut élevé au grade d'officier d'état-major du général Custines.

En 1795, le général Baraguay-d'Hilliers le choisit pour aide-de-camp.

Le jeune Lavalette parvint à captiver la confiance de son général à un tel point, que, sur son lit de mort, il le nomma tuteur de ses enfans, quoiqu'il n'eût pas encore atteint sa vingt-septième année.

Lors des brillantes campagnes d'Italie, Lavalette s'y distingua tellement que, le lendemain de la bataille d'Arcole, Bonaparte, alors général en chef, le fit un de ses aides-de-camp.

Bientôt après, ce général ayant reconnu, dans Lavalette, d'autres talens indépendans du mérite militaire, il lui confia le travail de son cabinet.

Enorgueilli par ses conquêtes, Bonaparte, qui se sentait déjà le besoin de gouverner, crut ne pas devoir plus long-tems correspondre directement avec un gouvernement qu'il méprisait; dès-lors il s'imagina d'avoir à Paris un homme entièrement à lui, auquel il adresserait ses dépêches, en lui laissant la faculté de les transmettre par des notes; c'est-à-dire un espèce de ministre résidant près du directoire : et l'homme qu'il choisit fut Lavalette.

Au 18 fructidor, Lavalette, craignant d'être compris dans la liste de proscription, comme agent de Bonaparte, crut devoir se retirer en Allemagne.

Là, admis à la diète de Ratisbonne comme attaché à la légation française, il fut lié d'amitié avec le comte de Metternich.

De retour en France, il épousa mademoiselle Beauharnais, nièce de Joséphine.

Il suivit Bonaparte dans son expédition d'Egypte et de Syrie, et rentra avec lui.

Lavalette, toujours attaché aux destinées de Bonaparte, l'accompagna aussi dans ses campagnes d'Allemagne, sous le consulat.

Ce fut à l'issu de ces campagnes que Lavalette quitta tout-à-fait la carrière militaire, pour embrasser le civil : il fut nommé à la place d'administrateur de la caisse d'amortissement.

En 1801, il obtint la direction générale des postes, et fut fait conseiller-d'état. Peu après, il fut créé grand-cordon de la légion d'honneur ; puis il fut honoré des titres de comte et de commandant de l'ordre de la réu-nion.

Lors du retour en France de Sa Majesté Louis XVIII, Lavalette n'était déjà plus directecteur des postes : il avait été distitué par le gouvernement provisoire ; le Roi, qui ne veut rien d'injuste, en considération de ses longs services, lui conserva une portion de son traitement.

Telle fut la conduite civile et militaire de Lavalette jusqu'au 20 mars 1815. Son acte d'accusation et son procès, dont nous allons donner une analyse, feront suffisamment connaître quelle fut sa conduite postérieure.

Le 20 novembre, à dix heures du matin, la cour d'assises du département de la Seine s'est réunie sous la présidence de M. Chollet.

MM. les jurés ayant pris chacun la place qui lui avait été désignée par le sort, le tribunal a pris séance, et l'accusé a été introduit.

Après avoir été interrogé sur ses noms, prénoms, âge, qualités, et lieu de domicile, M. le greffier a donné lecture de l'acte d'accusation, duquel il résulte que Marie Chamans Lavalette est accusé :

1°. D'avoir, le 20 mars dernier, dès le matin, usurpé, dans l'hôtel des postes, le titre et les fonctions de directeur-général des postes ;

2°. D'avoir, ledit jour, donné, en cette qualité, divers ordres, et notamment ceux d'arrêter les départs de tous les journaux, des lettres ministérielles, et de celles du préfet du département de la Seine ; celui du rétablissement du service des postes sur les deux routes de Lyon ;

3°. D'avoir, le même jour, expédié, par le même courrier, une circulaire ayant pour objet de tromper les habitans des départemens sur la véritable situation de Paris, laquelle circulaire a été, ainsi que les divers ordres, signée de lui ledit jour 20 mars ;

4°. D'avoir, le même jour, correspondu avec Bonaparte, avant son arrivée à Paris, et de s'être ainsi rendu complice de l'attentat commis, dans les mois de février et mars dernier, contre la personne du Roi et les membres de sa famille, et ayant pour but de changer et détruire le gouvernement, et d'exciter les citoyens et habitans à s'armer contre l'autorité royale, en aidant et assistant, avec connaissance, l'auteur ou les auteurs desdits attentats dans les faits qui l'ont facilité et consommé, crimes prévus par les articles 86, 87, 59 et 60 du Code pénal.

Après la lecture de l'acte d'accusation, M. l'avocat-général prend la parole pour résumer les différentes charges qui s'élèvent contre l'accusé; et après le résumé, M. le président a communiqué l'interrogatoire, qui s'est réduit aux questions suivantes :

D. — Avez-vous entretenu des correspondances avec Bonaparte, dans l'isle d'Elbe ?

R. — Non, monsieur.

D. — Cependant, vous avez avoué que vous lui aviez écrit au mois de novembre ?

R. — Non, monsieur ; je n'ai pas *avoué*, j'ai *déclaré*, de mon propre mouvement, et quand rien ne m'y obligeait, que je lui avais écrit pour lui présenter mes vœux au renouvellement de l'année.

D. — Cette lettre n'était-elle pas datée des derniers jours de novembre ?

R. — Oui, monsieur ; elle était de la fin de novembre.

D. — Si tel était l'unique but de cette lettre, comment se fait-il que vous l'ayez écrite à une époque encore si éloignée du renouvellement de l'année ?

R. — Le voyageur, à qui j'ai confié cette lettre, ne quittait pas Paris sur-le-champ ; il devait rester quelque tems en route. Je le priai de jeter cette lettre à la poste dans les départemens. C'était une occasion.

On procède ensuite à l'audition des témoins, pendant laquelle on fait successivement lecture des pièces que l'accusé reconnaît pour être signées de lui :

1.º « Nul journal ne pourra partir au-
» jourd'hui 20 mars. »

2º. « Toutes les lettres ministérielles
» et les dépêches du préfet de la Seine
» ne partiront point aujourd'hui 20
» mars. »

3º. « L'empereur sera à Paris dans
» deux heures ; la capitale est dans le
» plus grand enthousiasme ; tout est
» tranquille ; quelque chose qu'on fasse,
» il n'y aura pas de guerre civile. »

4º. « Le maître de poste ne donnera
» des chevaux à personne qui ne soit
» porteur d'un ordre signé de moi, ou
» des ministres de l'empereur. » (Ces deux pièces sont datées du 20 mars.)

La séance est suspendue à..... heures.

Le lendemain, 21 novembre, à onze heures, l'instruction a été reprise, et on

a procédé à l'audition des témoins à dé-
charge.

A la suite de leurs déclarations,
M. l'avocat-général a été entendu ; immédiatement après, l'accusé lui-même a
pris la parole et a fait un court exposé
de sa conduite depuis 1789.

M. Tripier, défenseur de Lavalette,
est ensuite entendu. Dans un plaidoyer
plein d'éloquence, il s'attache à prouver
l'innocence de son client.

La séance est suspendue à trois heures
et demie, et reprise à six heures.

Cette séance a commencé par le résumé de M. le président, et a été ainsi
terminée :

A minuit, MM. les jurés rentrent dans
la salle, et M. Héron de Villefosse, leur
président, dit d'une voix émue : « Sur
» mon honneur et ma conscience, de-
» vant Dieu et devant les hommes, la
» déclaration du jury est : Oui, *l'ac-
» cusé est coupable d'avoir commis le
» crime*, etc. »

On fait rentrer l'accusé, qui est privé
de toutes ses décorations. Il entend sans
émotion la lecture de la déclaration du
jury.

M. l'avocat-général requiert l'appli-
cation des articles 86, 87, 59 et 60 du
Code pénal.

La Cour, après s'être retirée un instant pour délibérer, rentre dans la salle ; et M. le président prononce la condamnation à la peine de mort, etc,

Le condamné, sans se déconcerter, dit adieu à son avocat, et ajoute : *Que voulez-vous, mon ami, c'est un coup de canon.*

La Cour de Cassation a, le 14 décembre suivant, rejeté le pourvoi, et confirmé le jugement.

Evasion de Lavalette.

Quelques personnes se sont étonnées, et peut-être se sont plaintes de la lenteur d'un procès fameux, qui vient d'être jugé avec la plus imposante solennité. Cette lenteur tenait à la rigoureuse observation de toutes les formes, à la régularité juridique dont on avait voulu d'autant moins s'écarter, que le coupable était plus célèbre et le crime plus manifeste. La même régularité, la même exactitude dans les formes, avaient été appliquées au procès de M. de Lavalette. Il n'y avait eu de lenteurs que celles de la justice et de la loi. Le prononcé du jngement fut transmis lundi à M. le garde des sceaux, qui reçut en même tems la demande d'un sursis. Le jour suivant, cette demande fut présentée à Sa Majesté. Il ne pouvait donc y avoir un résultat, un terme donné à cette attente, nécessaire et légale, que le même jour où le condamné s'est dérobé à la justice ou à la clémence.

Le 20 du même mois, veille du jour auquel ce jugement devait être mis à exécution, madame de Lavalette, accompagnée, selon sa coutume, de sa fille, âgée de douze ans, et d'une femme-de-chambre, est entrée, vers les trois heures et demie, à la Conciergerie, pour dîner avec son mari. A sept heures, la jeune fille et sa femme-de-chambre se sont présentées à la grille pour sortir de la prison, soutenant l'une et l'autre une personne qui paroissait être madame Lavalette. Cette personne, vêtue des mêmes habits que portoit madame Lavalette à son entrée à la Conciergerie, était enveloppée dans une fourrure, ayant la tête couverte d'un chapeau, et tenant un mouchoir sur les yeux. Tous les employés de la prison étaient présens. Accoutumés à voir ces trois femmes sortir tous les soirs de la prison, et peut-être aussi touchés de compassion sur l'infortune et la mauvaise santé de madame Lavalette, ils ont négligé de s'assurer de l'identité de sa personne.

Trois minutes après, le concierge s'est rendu dans la chambre du condamné. Quelle surprise d'y trouver la femme au lieu du mari! « Ah! Madame, s'écrie-t-il,

» ainsi qu'elle l'a déclarée elle-même,
» qu'avez-vous fait ? Vous m'avez
» perdu. » Celle-ci le conjure de ne
faire aucun bruit. Craignant que son
mari ne soit atteint si l'on se met sur-
le-champ à sa poursuite, elle retient
fortement le concierge par le bras, et
lui déchire la manche de son habit. Le
concierge, désespéré, court au greffe,
avertit les gardiens de la prison, de ce
qui est arrivé, et leur crie d'aller de
tous côtés à la recherche du prisonnier.

Ceux-ci se dirigent sur plusieurs points.
Deux d'entr'eux rencontrent sur le Pont-
Neuf la même chaise à porteur dans
laquelle madame Lavalette avait coutume de se rendre à la prison, et y était
venue hier. Ils l'arrêtent à l'instant;
mais le prisonnier fugitif l'avait déjà
quittée.

Aussitôt que l'évasion de Lavalette a
été connue, des ordres ont été donnés
pour fermer les barrières, et elles étaient
encore fermées le 21, à sept heures.
De nombreuses perquisitions ont été
faites dans Paris; des estafettes ont été
expédiées par toutes les routes, pour
porter en tous lieux le signalement du
condamné.

Immédiatement après la nouvelle de
l'évasion, M. le ministre et M. le préfet
de police se sont transportés à la Con-

ciergerie. S. Exc. y a interrogé tous les employés de la prison ; elle y a ordonné l'arrestation du concierge et d'un porte-clefs. Le premier paraît coupable de négligence, et le second est soupçonné d'avoir facilité l'évasion.

FIN.

BAUDOUIN, Imprimeur, rue du Marché-Neuf, N°. 3.

www.ingramcontent.com/pod-product-compliance
Lightning Source LLC
Chambersburg PA
CBHW061604050726
47595CB00009B/3993